Lenka Kerler
Das muss dieses Leben sein

Lenka Kerler

Das muss dieses Leben sein

Gedichte und Kurzprosa

Bibliografische Information der Deutschen Nationalbibliothek:
Die Deutsche Nationalbibliothek verzeichnet diese Publikation in
der Deutschen Nationalbibliografie; detaillierte bibliografische
Daten sind im Internet über dnb.dnb.de abrufbar.

Texte: © 2025 Lenka Kerler
Umschlaggestaltung: © 2025 Lenka Kerler
Lektorat: Dr. Lena F. Schraml

Verlag: BoD · Books on Demand GmbH, Überseering 33,
22297 Hamburg, bod@bod.de

Druck: Libri Plureos GmbH, Friedensallee 273, 22763 Hamburg

ISBN: 978-3-7693-7749-1

Kontakt:
Dr. Lena F. Schraml
Postfach 11 01 34
93014 Regensburg
kontakt@lenafschraml
Mehr Texte unter www.lenafschraml.com

Inhalt

Die Worte flossen aus meinen Fingern,
ich verstehe sie erst jetzt…

Liebe

Wir sehen uns wieder

im nächsten leben bin ich
auf der suche nach dir
versprochen uns immer
zu suchen
zu helfen
irgendwann aus diesem
labyrinth aus träumen
zu entkommen
was ist realität
in welcher lebst du am liebsten
versprochen uns
auch nach dem tod wiederzufinden
wiederzusuchen
gemeinsam
aus dieser hölle auszubrechen
alleine unmöglich
nur zu zweit finden wir ihn
du hast den plan und ich die taschenlampe
sag mir den weg
ich leuchte dir.

Herzenslicht

12

— Wie soll ich Dich in gleichem Maße lieben, wenn ich die Dimensionen Deiner Liebe nicht mal erahnen kann?

— Das erwarte ich nicht von Dir, genauso wenig, wie man vom Licht etwas anderes erwartet als sehen zu lassen…

Du meine Sonne

Leben fühl' ich, wenn wir zusammen sind.

Wenn wir Haut an Haut,
Mund auf Mund liegen,
wenn wir uns spüren, riechen, schmecken,
wenn unsere Finger und unsere Augen sich
ineinander verhaken,
wenn wir reden, lachen, schweigen.

Du meine Sonne.

Bist du wirklich oder nur einer meiner schönen
Träume?

Einen solchen hatte ich noch nie;
wenn ja, dann lass mich nie mehr aufwachen, bitte...

Der Singvogel und das melancholische Mädchen

Auch heute kam sie. Ihre traurigen Augen nahmen Platz auf der Bank unter seinem Baum. Sie blickte sich aufmerksam um, ob auch ja nicht zu viele Menschen unterwegs waren, die sie hier in ihrem Alleinsein unterbrachen. Oft saß sie stundenlang da und genoss die Stille; der Singvogel war sich sehr sicher, dass sie ihm dann lauschte. Manchmal las sie ein Buch, in dem sie mit einem Bleistift für sie wichtige Sätze markierte.

Es war jedes Mal erstaunlich, welche Wirkung diese Stunden auf der Bank hatten. Natürlich war dafür auch sein Gesang verantwortlich, da war der Vogel ganz selbstbewusst. Immerhin lächelte sie sehr oft in seine Richtung, besonders wenn er sich ins Zeug legte und er ihr all jene Töne schenkte, die er für besondere Momente in sich aufbewahrt hatte. Als verstünde sie, was er ihr zurief, lehnte sie sich genießend zurück und nahm alles in sich auf.

Manchmal flog er ihr ein Stück des Weges nach, den sie nach ihrer Zeit im Park ging. Er konnte dann sehen, wie sie sich ein wenig leichter bewegte, die Erdanziehung, die Kraft, die sie an manchen Tagen nach unten zog, hatte ein wenig nachgelassen.

Er wäre ihr gerne mit nachhause gefolgt, hätte gerne mit ihr gegessen, ihr ein Gute-Nacht-Lied gesungen, an ihrem Bett gewacht. Aber das war nicht möglich, das hatte er beobachtet.

Die Zweibeiner bestanden darauf, dass Lebewesen wie er nicht in ihre viereckigen, steinernen Nester kamen, sie fuchtelten dann wild aufgeregt mit irgendwelchen Gegenständen in der Luft herum, damit der Störenfried ihr Nest wieder verließ.

Manche allerdings gab es, die seinesgleichen in kleine Gitterstabkästen sperrten, um sich an ihnen oder auch ihrer Kraft zu ergötzen, die es ihnen ermöglichte, kleinere Lebewesen ihrer Freiheit zu berauben.

Der Singvogel glaubte ja, dass viele ihn um seine Fähigkeit des Fliegens beneideten und seinesgleichen deshalb einsperren, ihre Flügel stutzen und besitzen wollten.

Warum sonst sollte man einem Lebewesen genau das rauben, was das Wesen seiner Natur war?

Seiner Liebe jedoch wäre dies nie in den Sinn gekommen. Sie liebte alle Lebewesen, da war er sich sicher, und vermutete darin den Grund ihrer Traurigkeit.

Sie liebte sie so sehr, und war doch traurig ob der Getrenntheit, die zwischen den – vor allem zweibeinigen – Lebewesen bestand.

Er spürte das, denn es ging ihm genauso. Er würde in diesem Leben immer nur Singvogel bleiben, keine Chance haben, mit ihr Worte zu wechseln.

Doch das war auch nicht nötig, denn er konnte dafür so singen wie niemand sonst auf der Welt, und vielleicht war genau das seine Rolle, seine Lebensaufgabe.

Die Fühler des neuen Tages kitzelten ihn an seinen Federspitzen, was für ein herrlicher Morgen und Tag dies werden sollte. Er schüttelte sich und übte seine Stimme.

Irgendwann, kurz nachdem die Sonne am höchsten stand, kam sie des Weges, lächelte ihm zu und setzte sich.

Und er sang für sie die Arie seines Lebens: Sei traurig, mein Mädchen, der falsche Zeitpunkt, der uns zusammenführte, wird uns auch wieder trennen.

Sei nicht traurig, mein Mädchen, ich bin bei dir, jede Sekunde Tag und Nacht, alles ist verbunden, für immer.

Was hält Dich vom Fliegen ab?

– Ich liebe die Liebe. Jedes Mal bin ich voll und ganz
dabei. Mit ganzem Herzen, überzeugt von der
Ewigkeit der Gefühle und der Einen, Großen Liebe.
Alles nehme ich mit. Kein einziges Mal hält es
lange. Was ist nur falsch mit mir?

– Falsch ist, diese Frage überhaupt erst zu stellen.
– Warum?

– Weil nichts mit Dir falsch ist, Du könntest wahrer
nicht sein. Denn Deine Wahrheit ist Deine Freiheit:
Du liebst, Du lachst, Du gibst, Du nimmst, Du lebst,
alles gebend, nichts einfach hinnehmend, keine Fes-
seln akzeptierend, keine Kompromisse.
Wer ist freier als diejenige, die sich vom Ich befreit
hat?

Liebe ist alles, was wir jemals brauchen. Sie kommt
und lässt Dich sehen, fliegend über allem Irdischen,
allen Hülsen, allen Kategorien des menschlichen
Seins.
Doch zieht sie sich zurück einem Schmetterling
gleich, der nicht mehr fliegen kann, wenn Du seinen
Flügeln zu nahe kommst.
Du hast Dich vom Kokon befreit,
Deine mächtigen, bunten schönen Flügel ausgebrei-
tet.
Was hält Dich vom Fliegen ab?

Ein Abend Ende November

Deine Küsse
Deine Blicke durch den Raum
mich suchend
unsichtbare Bande
durch die ganze Wohnung
lass uns tanzen
lass uns küssen
lass mich nachhause gehen es ist spät

sehnsucht nach dir
ohne zu wissen wer du bist
alles nur in meinem Kopf?

An jenem Abend geflohen,
doch mit dem Wissen von jetzt
wär ich so früh nicht gefahren.

Lass uns tanzen
lass uns küssen
aber langsam
im Kreis
nicht zu schnell zu schwindel
erregend

Eine Woche wie ein ganzes Jahr.

herbst

19

Der liebevolle Blick aus
müden, braunen Augen
zärtlich auf mich gerichtet.

Seine noch jungen Arme,
sein fein geschnittenes Gesicht.

Seine Augen sahen schon zu viel
für ein Leben und
damals mich an,
voll der Liebe
und doch schon
mit einem Hauch der Wehmut.

1 und 0

ineinander
festhalten,
festkrallen,
jeden zentimeter
mit allen sinnen
aufnehmen.

eins werden,
eins sein.
nichts.
mehr…

Gedächtnis

gedacht
ich denke an dich
bin deiner eingedenk

ein gutes und öfter
ein schlechtes

möchte nicht denken
denke an dich
werde nie vergessen

denn mein eigentliches
Gedächtnis
ist das H e r z.

- und das denkt nicht.

Schwerter und Mauern

Die Schwerter gekreuzt,
alles steht
auf Angriff und Abwehr.
Hier macht sich keiner mehr breit,
wir wissen,
wie das endet.

Jedes kleinste Zeichen
Verrat und Betrug,
unerfüllbare Erwartungen,
an der Wirklichkeit vorbei
mit Absicht kreiert.

So wiederholt sich
Geschichte,
bestätigen sich
Erfahrungen.

Ich hatte mal wieder
Recht,
sagt der Kopf,
bedauernd und befriedigt.

Und hält die Hände
schützend über das
weinende, eingesperrte
Herz.

Gib mir

5 000 Küsse,
schick mir
10 000 Herzen am Tag,
sag mir,
wie sehr Du mich liebst.
Ich will ich will ich will,
sagt mein Kopf aus Angst,
nicht geliebt zu werden –
allein wollen ist nicht lieben.

Denn eigentlich ist alles,
was mich glücklich macht:
Dich zu lieben, Dich zu kennen,
Dich zu sehen und zu hören,
Dein Lachen, Deine Weisheit,
Deine Güte, Dein Herz.

So dankbar bin ich,
dass es Dich gibt,
überhaupt und
in meinem Leben,
wir uns getroffen haben,
Du auf mich zukommst,
wenn ich sauer, traurig, sonst was, bin;
Du so wunderbar kochst,
Dich kümmerst, grenzenlos.

Manchmal, wenn ich
müde oder hungrig und
nicht ich selbst bin,
vergess' ich das alles,
doch Du lachst, denn Du kennst mich und
weißt auch, ich schenkte Dir die Welt,
wenn ich könnt…

Aber wann knackt die Schale

Da ist ein weicher Kern
den hab ich gesehen
ich hab *Dich* gesehen von Anfang an
aber ich kann nicht mehr ständig
anklopfen und warten
bis Du aufmachst
Dich öffnest
mir entgegen
ich brauch Dich und Du siehst nicht
wie sehr
wie oft ich gegen Deine Mauern laufe
Deine Wand aus Beton
in all den Jahren erbaut
es ist ein kaltes Land, zieh
dicke Mauern hoch
Hass, Neid, Bürokratie müssen draußen bleiben
aber auch diejenigen, die dir Gutes
die Dir helfen wollen
sie erfrieren vor Deinen hohen Wänden aus Stahl
beschützend Dein großes, weiches
weinendes Herz.

Bewusster Abschied

Ein letzter Kuss. Vertraute Lippen.
Ein letztes Mal die Hand der geliebten Frau halten,
ein letztes Mal an ihrem Hals, ihren Haaren riechen.
Sie ein letztes Mal umarmen.
Ihr ein letztes Mal in die Augen sehen.
„Schau mich nicht an, sonst muss ich weinen", sagt
er.

Ein erstes Mal Gefühle zeigen.
Ein erstes Mal vor Herzschmerz fast sterben.
Vor Sehnsucht nach ihr.
Vor Sie-jetzt-schon-vermissen.
Sie ein letztes Mal nach Hause bringen.
Ihr die Decke mitgeben, unter der ihr euch immer
aneinander gekuschelt habt.

Ein letztes Mal gute Nacht sagen, ein letztes Mal
aus der Wohnung gehen.
Ihm den Schlüssel geben.
Die Tür hinter mir schließen.
Die vielen Erinnerungen hinter mir lassen.
Gemischte Gefühle.

Kurz denken: Mache ich doch einen Fehler?
Wir lieben uns doch offensichtlich noch?
Dann denken: Nein, ist schon richtig so,
denk' an die vielen Male, die zu viel waren.
Und diejenigen, die viel zu wenig waren.

Jetzt nur nicht sentimental werden.

(Innerer) Frieden ist oberstes Ziel, und den hattet
ihr nie.
Fast nie.
Nur heute vielleicht.

Wenn der Krieg schon verloren ist, wozu noch
kämpfen?

Am Ende, wenn alles andere wegfällt,
bleibt nur die Liebe übrig,
und ist das nicht der schönste Abschied?

Selbstfindung

Tat Twam Asi

Ich bin Alles und Nichts,
Tausend Füchse und doch nur einer,
Das Mädchen hinter der Kamera,
Dein Auge.

Bunt spiegelt sich die Welt in Dir,
Golden gesprenkelt.
In Dir die ganze Welt
Vereint zum Tanz der Liebenden.

Du suchst und rennst und sehnst,
Unsichtbar der Weg,
Deine Karte im Herzen.

Bleib endlich stehen,
Erkenn Dich in Dir, vergiss Dich
Und Du siehst:

Du bist Alles, und Alles ist Du.

Stille Wasser

Stille Wasser sind tief, tiefe Wasser sind still.
Sagt man.
Je tiefer du tauchst, desto stiller wird es um dich
und desto lauter wird es in dir,
die Dunkelheit verschluckt alles und
lässt es gleichzeitig zu;
desto mehr schaurige Gestalten erscheinen,
sie leben hier seit Jahrtausenden,
unentdeckt von der Menschheit,
ja selbst von mir.

Sicherer für alle ist es,
an der Oberfläche zu segeln und nur dort zu tau-
chen, wohin die Sonnenstrahlen reichen.
Was nicht von allein nach oben geschwemmt wird,
sollte dort unten bleiben, für immer.

Aber können wir jemals Frieden empfinden,
solange der Großteil in uns in absoluter Schwärze
liegt, mysteriös und unzugänglich?
Die Angst vor dem Unbekannten bleibt,
die Neugierde auch.

Manchmal vergesse ich meine Tiefe,
schwimme im Sonnenlicht,
lasse mich von den über mich
hinwegziehenden Stürmen mitnehmen.

Manchmal bebt die Erde,
eine Urgewalt rüttelt an meinen Grundfesten,
meine Unruhe wirkt bis ans andere Ende der Welt.

Lange hatte ich zu viel Angst vor mir,
planschte in ruhigeren Gewässern,
sorglos vor mir selbst fliehend.
Ein Sturm trieb mich zu mir,
ich kenterte,
die hohe See verschluckte, versenkte mich.
Aber ich ertrank nicht,
ich nahm mich an, meine dunkle, unerforschte
Tiefe,
begegnete Monstern, kämpfte, schwamm mit ihnen,
bis wir das Interesse aneinander verloren.

Nun bin ich ruhiger, sehe Stürmen gelassener entge-
gen. Lasse ich mich weitertreiben?
Oder mache ich mich jetzt, da ich die Gefahren
einschätzen kann und mutiger bin,
auf die Suche nach dem legendären Schatz?

Viele suchten ihn,
viele versanken für immer in den Tiefen meines
weiten Meeres;
manche fanden ihn, ohne es mir sagen,
ohne es mir zeigen zu können,
denn entdecken muss ich ihn selbst.

Also: Abenteuer oder Sicherheit? Und wo beginne
ich meine Suche?

Mein Ich im Du

Ein Blick in den Spiegel ist nie
wie Dein Blick auf mich.
Ich seh mich so anders,
ich seh Dich so anders
als Du mich und Du Dich.

Warum sehe ich mich im Spiegel nicht,
wie ich wirklich bin?

Spiegelverkehrt.

Das Spiegel-Ich ist nicht mein wahres Ich,
oder ist es einfach eine meiner vielen Facetten?
Mein Blick in den Spiegel prägt meinen Blick auf
die Welt und wie ich mit ihr umgehe.
Der Blick der Welt auf mich kann auch meinen Blick
in den Spiegel verändern.
Und zeigt der Spiegel nur meinen Charakter,
mein äusseres Ich,
und existiert mein wahres Selbst
unabhängig jeder Spiegelung?

Es braucht diese Reflexion,
ohne die sich niemand selbsterkennen kann.
Die Frage ist, in welchen Spiegel man blicken
und welches Bild man von sich erhalten will.

Mein wahrer Spiegel ist die Welt,
sind andere Menschen,
bist Du.
In Dir spiegelt sich mein wahres Selbst,
im Guten wie im Schlechten.
Deshalb liebe ich mich durch Dich,
und manchmal hasse ich mich,
weil Du mein Spiegel mir meine dunklen Seiten auf-
zeigst.
Vielleicht ist das der Grund, warum wir bei unseren
Partnern oft unsere schlimmsten Seiten offenbaren,
warum wir am hässlichsten ihnen gegenüber sind.

Mein Ich im Du.

Am liebsten betrachten wir uns
in blankgeputzten Spiegeln,
ungetrübt und ohne Filter.
Aber gibt es so etwas überhaupt,
solange wir alle Menschen sind?
Es gibt zumindest jene, durch deren Augen
wir uns lieber sehen als durch andere.
Das eigene Glas blank zu halten, ist auch eine
Sache der Übung, der Achtsamkeit.

Bist Du reflektiert?

Im Hellen wie im Dunklen,
Weiß und Schwarz und alle Farben.
Werde ich mich jemals ganz erkennen?
Oder verändert sich mein Blick mit jedem Tag,
jedem Jahr, im Sommer und Winter,

mit jeder neuen Begegnung und jedem
neu hinzugewonnenen Wissen?

Die Welt als mein Spiegel –
solange sie sich weiter dreht,
solange alles weitergeht,
verändert sich auch mein Bild im Spiegel.
Jeden Tag begegne ich mir, begegne ich Dir neu.
Stehen zu bleiben ist wider die Natur,
Wandel ist unumgänglich.
Ist das nicht wunderbar?

Ich hab die ganze Nacht von mir geträumt

Ich liebe Dich
Es warst immer nur Du,
in jedem, den ich jemals geliebt,
ein Teil von Dir.

Wie Schleier von den Augen
fiel mir die Erkenntnis:
Das alles bist Du.
Warum nur dann
liebst Du mich nicht
auf gebührende Weise?

Die vielen Stimmen in meinem Kopf,
schreien durcheinander:
Das hast Du aber anders gelernt!
Meine Augen blicken in Deine,
endlich,
so tief und unergründlich.

Ich lege den Spiegel weg und weine bitterlich.
Wie befreiend.

Licht und Schatten

Ich glaube an die Liebe,
egal in welcher Form.
Ich glaube an mich.

Verzeih mir, bitte,
meine hässlichen Fratzen
des Neids, der Eifersucht,
wenn sie mich umnebeln,
mich erblinden lassen,
meine hässlichen Worte,
das bin nicht ichich.

Das ist das Kind in mir,
das sich nach Liebe sehnt,
das nicht ausgeschlossen,
das nicht wie ein Kind behandelt werden will,
das nichts zu wissen braucht,
das eh noch nichts versteht.

Ich *bin* die Liebe,
doch jedes Licht erzeugt umso größere Schatten,
je näher man ihm kommt.

Diese hässlichen Worte der Fratzen
verletzen vor allem mich,
weil ich damit immer nur die Menschen,
die ich am meisten liebe,
von mir stoße.

Überall Feinde:
Ich zücke das Messer, versuche sie abzuwehren –
tiefe Wunden in der eigenen Haut.
Ich werfe das Messer, versuche sie zu treffen,
bevor sie zu nahe kommen, siehe,
sie haben ihre Messer schon erhoben –
und nur mein eigenes Spiegelbild zerbirst.
Wie der verletzte Löwe greife ich an –
und werde am Ende selbst gefressen.

Du bist so nah wie niemand und doch so fern,
durch dich werden meine Wunden offenbar,
und nur durch dich können sie heilen.

Ich bin das alles und auch nicht,
du weißt es und auch ich,
aber ich vergesse mich und es bisweilen...

Tod des Erzählers

Was, wenn der Erzählte den Erzähler tötet?
Ist er dann frei, weil unerzählt,
oder gibt es ihn nicht mehr?
Er bricht aus, raus aus dem Käfig der Wörter,
dem konstruierten, hinaus in die Stille.

Wer, wenn nicht der Erzähler, erzählt dann?

Ich habe den Erzähler getötet.
Vor mir ein leeres Blatt.
Und was jetzt?

Jetzt erzähle *ich*.

Ichs

Da ist dieser Abgrund, der nicht existiert, ich weiß
das, und doch habe ich furchtbare Angst vor seiner
Wirklichkeit.
Jeden Moment könnte ich in die Tiefe stürzen,
kilometerweit fallen, fallen, bis ich auf dem Boden,
der doch irgendwann kommen muss, zerschelle.
Was ist real, was fiktiv?
Die Trennung dieser Bilder fällt mir manchmal
schwer. Mein Kopf produziert Bilder und Geschich-
ten im Sekundentakt, ich kann mir alles vorstellen
und nur bisweilen nicht, dass das, was ich mit mei-
nen Augen um mich herum sehe, wirklich ist.
Ich träume mich in andere Welten, die sich teils
mehr, teils weniger von dieser meiner jetzigen, in der
ich diesen Text tippe, unterscheiden.
Was wäre, wenn?
Dieser Umstand könnte anders sein, ich und alles
wäre anders, wie wäre das doch schön.
Ich träume mich hinaus und hinüber, draußen regnet
es, so schön warm hier, vielleicht bleib' ich doch.
Was, wenn all die Bilder in meinem Kopf real exis-
tierten und ein anderes meiner Ichs tatsächlich lebt?
Wie spannend und traurig, wie schön und lustig und
furchtbar für sie.
Wer weiß, vielleicht denken sie gerade auch an mich?

Leben

Das muss dieses Leben sein

Überwältigend:
Kopf bis Fuß vibriert,
eins mit dem Bass,
wir lösen uns auf,
spüren uns - endlich.

Schwitzende Körper
aneinanderreibend,
glücklich strahlend,
tauschen wir schüchtern
Blicke,
unser Herz voll und
in diesem Augenblick
unbeschwert.

Das muss dieses Leben sein.

Vielleicht waren
die Momente des Rauschs
nicht nur da,
um alles um uns herum
zu vergessen, nein -
um uns *selbst* zu vergessen.

Die Vögel singen uns gute, beste Nacht
und sich einen schönen Morgen zu.

Ich, der Fluss

Ich steige in den Fluss,
mein Boot ist zerschellt,
er nimmt mich mit.

Wir werden eins,
er fließt
in mir
aus mir
durch mich
in mich.

Nein, nicht ich und der Fluss –
ich, der Fluss.

Wo ich nicht bin, kann nichts sein.
Ich bin das Leben.

Biene, stich

Elefanten trampeln über mein Herz,
woher kommen sie?

Ich spucke eine Biene aus, los los,
opfere dein Leben für meines,
zerstich' den tonnenschweren Elefanten aus Luft!

Meine Zungenspitze ist taub,
kein Summen weit und breit.

Gedankenfetzen liegen zerstreut
auf dem Boden meiner Wirklichkeiten,
durchtränken ihn, ertränken mich.

Hellwach lieg' ich da,
voll Freude und Trauer zugleich.

Manchmal, da

Manchmal, da
fühl' ich mich so
verloren
zerbrechlich
zu sehr

für diese steinharte Welt,
für ein System,
in dem ich -
will ich sein,
wer ich bin -
kaum leben kann.

Manchmal, da
frag ich mich,
was ich hier eigentlich mache,
wozu das alles.

Hast Du Angst?
Nein.
Jeden Moment könnt ich gehen
und bereute doch nichts:

So sehr geliebt,
alles gefühlt,
getanzt, gelacht, gestaunt.
Ist das nicht Ziel genug?

Tage

An manchen Tagen da
fühl' ich mich so zerbrechlich, gar durchlässig,
als würd' ich nicht deinen Fuß,
sondern alle Last der Welt tragen
und jegliches Gefühl der Menschen
durch mich hindurch gehen.

Ich verschwinde ins Nichts,
mein Körper trennt sich von meinem Selbst,
ich wand're über die Erde,
Mutter, Schwester, Tochter
allen Frauen der Welt.

Gleich geht es weiter

Wir sind die Maden in ihrem Speck,
so fett
so viel.

Irgendwann stellen wir fest:

Nichts als heiße Luft,
er verpufft und
wir fallen ins Nichts.

Sie retten sich den letzten Rest
echtes Fett,
madenfrei.

Keine Zukunft, aber egal,
das Geschäft läuft und —

wir machen Werbung für sie.

Am schönsten ist es am Fluss,
wenn es regnet

Wenn ich nichts anderes höre als das meditative Prasseln der Regentropfen auf meinem Schirm. Wenn der Dunst die Natur hinter einen grauen Schleier zwingt. Fische springen in Schwärmen aus dem Wasser, als würden sie sich jedes Mal absprechen: Wer fängt bei eins, zwei, drei die meisten Fliegen?

Mutter und Vater Graugans quaken ihre sieben Kinder durch die nassen Wiesen zurück ans Ufer des Flusses. Ein letztes Betthupferl vor dem Schlafengehen, und dann ab, ab in die Federn!

Das Wasser des Flusses scheint stillzustehen, und die normalerweise so glatte Oberfläche schmückt heute ein Ringelmuster.

Entlang des Boulevards kein einziger Mensch.

Die großen, alten Bäume neigen sich neugierig über mich, auch sie sind verwundert über diese kleine Person, die des regnerischen Abends noch allein hier entlangschlendert. Sie sind interessiert, aber distanziert. Im Falle des Falles würden sie ihre großen holzigen Köpfe und Hände über mich halten, mich beschützen, da bin ich mir sicher.

Drüben auf der anderen Seite in toten Wipfeln sitzen und krähen sie. In Scharen, es ist ihr Wetter und ihre Uhrzeit.

Wie so oft frage ich mich, warum diese Vögel es so lieben, in düsterem Wetter in großen Gruppen ihre Todesbotschaften hinauszuschreien. Sie künden an die Dunkelheit aus nackten, toten Bäumen. Der Tag ist tot, lang lebe die Nacht!

Doch bin ich am liebsten hier, allein in der Wildnis, wo ich nur sie höre und sonst nichts. Keine Krähe kann mich verschrecken, ob sie es wollte oder nicht.

In den Gassen meines Viertels jedoch blicke ich um mich, an jeder Ecke potenzielle Gefahr, da Schritte, dort ein Husten, Blicke, Hände, breiter Gang. Dann wechsle ich die Straßenseite, gehe einen anderen Weg und schneller, die Meditation ist vorbei, ich will nachhause in die sichere Wärme zwischen bekannten Wänden.

Von drinnen beobachte ich jetzt den Regen, wie er seine Musik auf den Dächern und Autos fortsetzt.

In mir macht sich wieder die Ruhe von vorhin breit, zufrieden schließe ich das Fenster.

Ein wenig kalt ist es doch.

Die Boten

An Tagen wie diesen,
wenn der Himmel
die Straßen, Dächer, den Fluss
küsst,
die Wolken wie alle Jahr'
auf Erden wandeln,
künden sie in Scharen schon
vom Winter.

Es ist ihre Zeit, krähen sie,
wenn Sommer und Sonne sich
schlafen legen,
wenn die Nacht anbricht.
Dunkel ward der Himmel,
und der Nebel immer da,
wo wir nicht sind.

Ihr Menschen, bleibt in euren Nestern,
haltet euch warm
und zurück,
die Zeit des großen Aufbruchs
ist vorbei.

Lange Weile

54

Die Zeit wirkt
quälend lange,
bis sie wie eine Blase
platzt und
die Welt in neuem Licht
erscheint.

Die schönste Geschichte der Welt

„Waaas würdest du tuuun", fragte mich mein Freund Rabe, „wenn Du wüüüsstest, Du hast noch genaaau eine Woche zu lääben?"
 Er schüttelte seine Flügel aus und schaute mich neugierig mit zur Seite geneigtem Kopf an. Mich überraschte eine solche Frage nicht. Wir unterhielten uns immer sehr philosophisch und ohne große, höfliche Einleitungen.
„Ich würde die schönste Geschichte der Welt schreiben", antwortete ich, ohne viel darüber nachdenken zu müssen. „Ich würde es nicht mehr länger aufschieben."
„Ohhh, interessaant, erzäähl sie mir doch bäätte. Wovon handelt sie denn und warum iist es die schäänste Geschichte der Wäält?"
„Weil ich sie ohne Angst schreiben würde. Ich hätte ja nichts mehr zu verlieren, oder? Könnt' nicht versagen, die Meinung der Leute könnt' mir egal sein, und ob ich damit erfolgreich bin oder nicht, auch. Die schönste Geschichte der Welt wär deshalb am schönsten, weil ich sie ohne Angst und aufrichtig erzählte.

Aber ich kann Dir jetzt nicht verraten, wovon sie handelt, weil ich nicht in sieben Tagen sterbe und weil ich sie nicht aussprechen darf, sonst landet sie nie auf Papier."

Da war ich abergläubisch. Ziele und Pläne darf man niemandem verraten, sonst werden sie nicht wahr. Und andere wollen zu viel mitreden oder sie dir schlecht machen. Nix gut.

„Och Määnsch", krähte der Rabe auf meinem Fensterbrett, „gib mir doch wäänigstens ein paar Hinweise. Bääätte. Ich lääääbe Deine Geschäächten."

Die schönste Geschichte der Welt hat keinen Anfang und kein Ende.

Sie beobachtet und beschreibt, sie interpretiert nicht. Sie enthält Liebe und Tod auf natürliche Weise, sie konstruiert nicht.

Es gibt keinen roten Faden, doch alles hängt zusammen. Es gibt keine äußere Ordnung, nur eine innere, für aufmerksame, geduldige Leser auf den zweiten oder dritten Blick erkennbare.

Sie wird zur Nicht-Geschichte, wenn man so will, denn die schönste Geschichte der Welt ist das Auflösen dieser, sie ist ein Nicht-mehr-erzählen.

Poesie

Poetisch ist jedes Kunstwerk,
das mit ganzem Herzen,
mit ganzer Seele entstand und
daher authentisch ist.
Dieses Herz, diese Seele des Künstlers
ist des Kunstwerks Essenz,
die mich berührt, bewegt, inspiriert.

Poesie ist die Übertragung des Urmenschlichen,
ist die Schönheit des Augenblicks,
ist die Liebe, die sich in jedem Moment,
in der Natur, zwischen Menschen offenbart.

Kunst ist das Medium,
also das, was zwischen zwei Menschen
steht und vermittelt.
Sie überträgt das Innerste des Künstlers
über sein Werk auf den Betrachter, Leser.

Poesie ist die Verbindung, die immer währt,
die die Kunst aber oft erst offenlegt.

Luftleeres Nichts

Wieder zu viele Bilder gesehen.
Diese Welt, in der alles so schön erscheint,
die nicht ist, nur in Deiner Vorstellung,
tausendfach Eindruck und Erinnerung;
sie ist nicht, was ist,
ist jetzt, hier, atmen,
das kalte Zimmer, Müdigkeit, Langeweile, Angst,
der Geschmack von Marzipankugeln im Mund.

Meine Unsicherheit gegenüber anderen,
die vermeintlich keine Zweifel haben,
voll bei sich und in ihrem Element,
ganz sie selbst sind;
ich beneide diese Leute,
fühl' mich klein vor ihnen,
werde zu meinem eigenen Schatten, nicht ich selbst;
wer will schon mit einem Schatten befreundet sein,
hat ja jeder schon seinen eigenen.

Wie kann ich ich sein,
wenn mir der Raum dazu fehlt,
mich selbst zu verwirklichen,
wenn ich nicht weiß,
wo dieser Raum ist;
ich boxe in das luftleere Nichts,
das meine Schreie verschluckt.

Ich bewundere die Menschen,
denen ich ein gesundes Selbstwertgefühl andichte,
die schön sind und attraktiv und cool,
weil sie wissen, wer sie sind
und zu ihren Eigenheiten stehen;
manchmal kann ich das auch,
manchmal vergleiche ich mich noch zu oft,
manchmal lebe ich zu sehr in der Vergangenheit;
Ausgrenzung ist der Tod des Selbstwerts,
(damals war es wirklich unser Tod).

Meine Zeit kommt noch,
sagt meine Liebe und
die Stimme während der Meditation,
und wenn sie kommt, dann richtig.
Jeder lebt in seiner eigenen Zeitspur,
es gibt kein Muster und kein
Wahr oder Falsch,
keinen Zeitplan, der erfüllt werden muss.

Es gibt nur Dich, jetzt, Atmen,
mehr weißt Du nicht und musst Du nicht,
Freiheit ist, nicht zu wissen, was kommt, und dann:
Alles ist möglich.

Der Brunnen

Auf meinem Weg fiel ich
in einen Brunnen so
tief, der Himmel dort
oben ein Punkt.

Glatte, glitschige Mauern,
kein Entrinnen, kein Licht,
keine Hoffnung.
Hallo, hört mich jemand?

Wie konnte das passieren, wie konnte
ich so tief fallen,
in der Dunkelheit sehe ich mich
nicht und nichts.

Ich trau mich nicht zu
schreien, wer weiß, wen
oder was ich dann wecke,
und so hört mich niemand.

Ich zweifle am Weg, wohin
geht er, ich vergesse ihn
langsam, und wo ich
herkam.

Vielleicht dahin, vielleicht dorthin,
alles ist möglich

in meinem Kopf,
aber noch sitze ich hier.

War das abzusehen, war das
absichtlich, sprang ich hinein,
weil mein weiterer Weg in
tiefer Finsternis liegt?

Hinauszuklettern ist vielleicht auch
deshalb so schwer, weil ich
Angst vor dem Danach habe, aber
das ist nur ein fieser Verdacht.

Allein Aufgeben, das ist nichts für mich,
erstmal raus hier und
alles weitere gibt sich dort
oben, an der frischen Luft, unter'm
blauen Himmel, im grünen Gras.

Finderglück

Warum sind wir ständig so unzufrieden mit allem?
So auf der Suche, unruhig, immer am Machen und
Tun, alles muss einen Sinn haben, wir brauchen ein
Ziel, wir dürfen nichts Sinnloses machen. Wir brau-
chen einen Lebenssinn, ein Ziel, auf das wir zuarbei-
ten, das kann auch einfach das Glück sein, das viel-
zitierte, das uns doch nur eingeredet wird, damit wir
Konsumieren und Funktionieren und in all dem Su-
chen das eigentliche Glück übersehen.

Weil wir vorbeilaufen, obwohl es doch schon neben
uns liegt, weil wir ihm nicht die Tür öffnen, obwohl
es schon die ganze Zeit anklopft.

Nein, nein, es kann so einfach nicht sein, wir müssen,
um wahrhaft glücklich zu sein, an uns arbeiten, wir
müssen dafür das tun, oder dies, wir müssen dorthin
gehen, das dort kaufen, den dort finden, wir müssen-
müssenmüssen, und so sind wir unser ganzes Leben
in Unrast, immer weiterweiter, Stillstand ist der Tod,
war das nicht so?
Still stehen bleiben, aufmerksam die Gegenwart füh-
len, das ist das Leben. Es geht sowieso weiter, irgend-
was ist immer, wirklich still ist das Leben selbst nie.

Aber wir, wir sollten mal still werden, stehen bleiben, aufhören, nach außen und immer weiter zu laufen.

Ist doch schön hier.

Welch Wunder wir doch sind.

Im Guten wie im Schlechten.

Bleiben wir stehen, hört die Welt nicht auf, sich zu drehen. Wir nehmen nur endlich wahr, und ach, sieh mal, da liegt ja unser Glück, fast wär ich draufgetreten. Ich heb's auf, kann ja doch nicht so liegenbleiben. Finderglück.

Ich lächle – und es lächelt zurück.

Alle Weisheit der Welt

Ich kann alle Weisheit der Welt in diese Zeilen stecken und Du kannst sie hundertmal lesen, doch wozu. Du kannst sie verstehen, aber nicht wahrhaftig sehen, denn nur wer selbst erlebt und eigene Erfahrungen macht, weiß, was sie bedeuten.

Du kannst alle Bücher der Welt gelesen haben, aber solange du nicht lebst, d.h. Dich selbst der Welt dort draußen aussetzt, durch Höhen und Tiefen gehst, verletzt wirst, heilst, liebst, weinst, kann kein Buch der Erde Dir echte Weisheit verleihen.

Du magst alle diese Worte verstehen, sie ergeben Sinn, sind logisch oder schön, Du kannst sie wiedergeben. Aber solange Du nur fremde Worte wiedergibst und nicht Deine eigenen, solange bleibst Du an der Oberfläche und ahnungslos. Finde Deine eigenen Worte für Deine eigenen Erlebnisse, Empfindungen, Entdeckungen.

Du liest, um nicht alles selbst erleben, um nicht jeden Fehler selbst machen zu müssen. Doch einige musst Du selbst machen, um wirklich daraus zu lernen.

Du kannst Dingen, die Du fürchtest, lange aus dem Weg gehen – eines Tages holen sie Dich jedoch ein, und sei es im nächsten Leben.

Du wirst so lange daran leiden, sie werden Dich so lange verfolgen, bis Du stehen bleibst und Dich ihnen stellst. Sprich mit ihnen und vielleicht erkennst Du ja, dass ihr Schatten größer als sie selbst war.

Ent-Täuschung

Ent-Täuschung
ist, wenn die
Illusion verfliegt.

Lass sie los
und die Welt erscheint
unberührt
wie ein neuer Morgen.

Schöne, wilde Blume

Schöne, wilde Blume, warum reißt Du sie aus?
Weißt Du nicht, wenn Du sie mitnimmst,
ist das der Anfang vom Ende?
Du willst sie besitzen, nimmst Dir, was Du
brauchst,
allein etwas zu töten kann nie ein Zeichen von Liebe
sein.

Sie sind so bunt, riechen gut, vollenden den Raum?
Das ist alles äußerlich und dient allein Deinen Zwe-
cken.
Diese Blume aber kann niemandem gehören,
ihre Natur ist wild, frei, und wer sie an sich nimmt,
raubt ihren Geist, hält sie künstlich am Leben.

Warum wohl geht sie nach kurzer Zeit ein,
warum überlebt sie nicht trotz des Düngers,
des besonderen Wassers, des schönen Platzes
am Fenster?

Das Schöne verwelkt,
wenn Du es besitzen und einsperren willst.
Empfindest Du wahre Liebe, lass los,
erfreu Dich ihrer Natur und also ihrer Freiheit.

Manche Gedichte leben

Manche Gedichte leben
in meinem Herzen nur,
dort wohnen sie
für immer.

Sie sind unaussprechlich,
nicht in Worte zu fassen,
jeder Versuch raubte ihnen
ihren Zauber.

Verstehen lassen sie sich nicht,
nur fühlen,
und warum sie also ausformulieren?

Allein die Poesie vermag
über Bilder auszudrücken,
was sich nicht einfangen lässt, was,
wenn doch in Worten gefangen,
immer nur ein Abglanz
der Wahrheit ist.

Schnüre und Scheren

Endlich bin ich aufgewacht.
Was für ein Traum.
Mir träumte, ich sei in einem Ich gefangen,
das sich ständig im Kreis drehte,
Opfer seiner eigenen Gedanken.
Es waren dies keine von der netten Art.
Sie flüsterten wie gemeine Mitschüler —
ja, lasst euch sagen: Wer flüstert, der lügt und frisst
kleine Kinder, wahre Geschichte!

Sie hatten mich an ihren Schnüren,
und sie zogen mal hier, mal dort,
ich bewegte mich nach ihrem Gusto.
Sie ließen mich Mauern bauen und Fluchtwege,
und es machte ihnen Spaß,
mir beim Fallen zuzuschauen.

Nun bin ich niemand, die hinfällt und liegen bleibt.
Immer wieder stehe ich auf, warte kurz,
bis der Schwindel nachlässt, und gehe dann weiter.
Da muss noch was kommen, sage ich dann,
weil es mir vorher mein Herz versprach.
Das weiß sowieso schon alles früher,
nur verrät es das nicht, wäre ja langweilig.
Oder vorhersehbar.
Ha.

Dieser Traum also.
Ich drehte mich im Kreis, meine Gliedmaßen an
Schnüre gebunden, und es gab keinen Ausweg.

Doch da entdeckte ich eine Schere,
eine Gestalt bot sie mir an.
Sie war von jener Art von Traumgestalten, die plötz-
lich auftauchen, ohne Gesicht, nur verschwommen
erkennbar und so schnell wieder verschwunden,
dass sie auch gleich der Erinnerung entfleuchen.
Mit den ersten durchtrennten Fasern lösten sich die
Fäden ganz leicht, als hätten sie nur darauf gewartet,
auch von mir erlöst zu werden.
Der Aufprall auf den Boden war hart.
So hart, dass ich aufwachte.

Wer bin ich ohne diese Schnüre?
Die mich gefangen hielten und gleichzeitig
Sicherheit boten.
Dank denen ich wusste, wohin ich zu gehen hatte,
was ich tun sollte.
Jetzt bin ich frei. Und nun?

Zur Autorin

Lenka Kerler, ein Pseudonym für das literarische Schaffen von Lena F. Schraml, schrieb als Kind ihre ersten fantasiereichen Geschichten, und schon damals stand in ihrem Freundschaftsalbum bei „Das will ich werden, wenn ich groß bin": Schriftstellerin. Seit Ende 2019 veröffentlicht sie regelmäßig Texte auf ihrer Homepage, in denen sie ihre Gefühle, Beobachtungen und Erlebnisse verarbeitet. Für die meisten Zeilen, die aus dem Moment heraus entstanden und immer von Herzen kommen, gilt das Motto der Homepage: Die Worte flossen aus meinen Fingern, ich verstehe sie erst jetzt…

Mehr Texte unter: lenafschraml.com

Weitere Veröffentlichungen:

Lenka Kerler:
„Die Unterirdischen Seen" (2025)

Lena F. Schraml:
„111 Orte in Krakau, die man gesehen haben muss" (2021)
„Kollektives Gedächtnis und literarische Erinnerungskultur: Erinnern und Vergessen in polnischen und persischen Texten der Gegenwart" (2022)